Sven Bauder

Das große Programmierhand-buch

Erste Buchauflage – für Einsteiger und Wiedereinsteiger

Inhaltsverzeichnis

Kapitel 1: Grundlagen 1 - Logisches Denken
- Mathematik Teil 1 - Mathematische Spiele
- Mathematik Teil 2 - Crashkurs Abitur Mathematik

Kapitel 2: Grundlagen 2 - Grundlagen der EDV
- Durchstarten mit Linux
- Assembler

Kapitel 3: Einfache Programmierung
- Python
- Machine Learning

Kapitel 4: Webprogrammierung
- HTML/CSS/JS
- PHP/MySQL

Kapitel 5: Desktop + Gaming-Programmierung
- C/C++
- Grafikdesign & Grafikanimationen
- Unity mit C#

Einleitung

Hallo und herzlich Willkommen zu diesem brandneuen Buch von Sven Bauder.
Dieses Buch soll dir einen kompletten und umfangreichen Einstieg in jedes bedeutungs-
volle Unterthema der Programmierung geben.
Wir werden nichts verkürzen, du wirst keine weiteren Bücher benötigen und wir werden
durch Bilder, Wiederholungskästchen und Übungsaufgaben, ebenso wie eine leicht ver-
ständliche Sprache, dir einen kinderleichten Buchlehrgang geben.
Nach diesem Buch bist du Allround- und Fullstack-Programmierer.
Die Sahne obendrauf: In Kapitel 5 lernst du sogar, wie man mit Grafikdesign umgeht und
dies für seine Projekte einbauen kann.
Dieses Buch ist vollumfänglich mit Linux kompatibel und wurde für Linux-Betriebssysteme
geschrieben.
Der Windows und MacOS-Support ist nicht gewährleistet. Wir wollen mit dem großen Programmierhandbuch, auch die Applikations-Vielfalt von Linux-Systemen vergrößern.
Dieses Buch ist in deutscher Sprache geschrieben. Wenn du aber die Programmierbefehle
nicht lesen kannst, da diese in englischer Sprache geschrieben werden, empfehle ich dir
wärmstens, diese 2 Produkte:

-RosettaStone.de Englisch
-Vera F. Birkenbihl Englisch für Einsteiger und Wiedereinsteiger

Nach all meinen didaktischen Abwägungen, bin ich schlussendlich dazu gekommen, dass
ein tägliches Training mit diesen beiden Medien gemeinsam (ich verdiene nichts an der
Empfehlung dieser 2 Produkte) sehr gut gelingen kann, da ich diese selbst benutzt habe.
Es ist wichtig, dass die Linux-Entwicklung voranschreitet, da die Konzerne Apple und
Microsoft immer deutlicher nicht mehr ökonomisch und sozial unterstützbar sind. Nur lei-
der sind wir auf diese Systeme von den beiden Konzernen angewiesen.

Wenn wir viel mehr Programme auf Linux-Systemen laufen lassen könnten, würde diese
Nachfrageblase platzen und viele Leute würden sich auf ein Linux-System freuen, als wie
auf Systeme mit Windows oder MacOS.

Ich wünsche dir viel Spaß mit dem nachfolgenden Buch!

Kapitel 1:

Grundlagen 1 - Logisches Denken

Teil 1: Mathematische Spiele

Let's get started!

In diesem Kapitel werde ich dich darauf vorbereiten grundlegendes bis fortgeschrittenes Verständnis von Mathematik zu bekommen. Im „Mathematik Teil 1 Mathematische Spiele" erlernst du spielerisch und einfach das Kopfrechnen. Du musst kein großes Mathegenie sein, um dieses Buch zu bearbeiten. Wir setzen an gängigen Fehlern und Ängsten an und üben in diesem Teil so ausführlich, wie möglich, dass du die Grundlagen gut beherrschst.
Im späteren Programmieren, ist es unheimlich von Vorteil schnell im Kopf rechnen zu können, da beim schnellen Programmieren, die Fehler im Programmcode entdeckt werden können.
Außerdem kannst du schneller eigene Formel einbauen. Ein grundlegendes Verständnis in die inhaltliche Mathematik bekommst du im „Mathematik Teil 2 Crashkurs Abitur Mathematik".
Beide Teile der mathematischen Grundlagen sind also wichtig für dich. Lass uns loslegen!

Kopfrechnen und Wahrnehmung

Die meisten Sprachen auf der Welt haben es an sich, dass diese von links nach rechts gelesen werden. Nur leider bekommen wir in der Schule meistens nicht beigebracht mit Matheaufgaben dasselbe zu tun.
Also bei der Aufgabe
 12 + 33 =
würde man gewöhnlich einmal von links oder wieder einmal von rechts lesen, um die Aufgabe zu lösen. Da aber der gesamte Schriftverkehr von „links nach rechts" gelesen wird, ist es von Vorteil, dies mit dieser Rechenaufgabe auch zutun.

Lösung:
12+ 33 = 45

Aufgabe 1:
Löse folgende Aufgaben im Kopf:
- 12 + 59 =
- 33 + 42 =
- 961+ 4 =
- 111 + 54 =

Das gleiche Prinzip gilt für Subtraktionsaufgaben (Minusaufgaben) auch.

Löse folgende Aufgabe:
- 132 - 44 =
- 435 - 99 =

Lösung:
- 12 + 59 = 71
- 33+ 42 = 74
- 961 + 4 = 965
- 111 + 54 = 165
- 132 - 44 = 88
- 435 - 99 = 336

In Reihen denken

Zusätzlich zum vom „links nach rechts"-Rechnen solltest du im Kopf durch eine Reihe hindurch denken.

Beispiel:

122 + 674 =
654 - 12 =

Wie machst du das? Ganz einfach:
Teile die Aufgabe in folgende Teile auf:

Beispiel:

122 + 600 = 822
822 + 70 = 892
892 + 4 = 896

654 - 10 = 644
654 - 2 = 652

Wendige Multiplikationsrechnungen

Um schnellstmöglich Multiplikationsaufgaben (Malrechnungen) zu rechnen musst du erstmal ein paar wenige Grundlagen auswendig wissen. Durch dieses Grundlagenwissen alleine, hast du schon Alles in der Tasche, um Multiplikationsaufgaben zu bearbeiten.

Aufgabe 2:

Löse hier alle bemerkten Multiplikationsaufgaben vollständig:

1 x 1 =
1 x 2 =
1 x 3 =
1 x 4 =
1 x 5 =
1 x 6 =
1 x 7 =
1 x 8 =
1 x 10 =

2 x 2 =
3 x 3 =
4 x 4 =
5 x 5 =
6 x 6 =
7 x 7 =
8 x 8 =
9 x 9 =
10 x 10 =
1 x 9 =
2 x 8 =
3 x 7 =
4 x 6 =
5 x 5 =
0 x 0 =

Training und Division

Durch tägliches Training lassen sich die Ergebnisse von Addition, Subtraktion, Multiplikation und Division als Kopfrechenübung verbessern.

Für die Divisionsaufgaben ist nur anzufügen, dass hier auch das Prinzip von „links-nach-rechts" und dem „Reihen-rechnen" gilt.

Wer seine Fähigkeiten täglich verbessern will, dem kann ich die Software „gBrainy" empfehlen. Diese ist kostenlos, Open-Source und auch für Linux-Systeme lauffähig.

Man kann dort auswählen zwischen Rechnen-, Verbal-, Gedächtnis- und Sprachübungen.

Ich empfehle 15- bis 30-minütige Sitzung am Tag bis das gewünschte Leistungsniveau eingetroffen ist.

Teil 2: Crashkurs Abitur Mathematik

Let's get started!

In diesem Teil des Buches geht es darum ein grundlegendes Verständnis von Mathematik zu bekommen, um gängige Abläufe mit Programmierung zu verstehen.
Wir setzen also voraus, du hast mindestens einen Hauptschulabschluss (oder bist genauso wissend, wie Andere mit einem Zeugnis) und kannst an unsere langsame und einfache Vorangehensweise anknüpfen. Los geht's!

Analysis

Eine Funktion f ordnet jedem Element x einer Definitionsmenge genau ein Element y einer Zielmenge Z zu.

Beispiel:

1	2	3	4	5	6	7	8
0,4	0,8	1,2	1,6	2	2,4	2,8	3,2

x = 1
y = 0,4

Vektoren/Geometrie

- Lineare Gleichungssysteme (LGS)

    1. Gleichsetzungsverfahren

        Folgende Rechnungen sind gegeben:
        5x-2y = 1
        6x+6y = 18

        Nun wollen wir wissen, was x und y bedeuten. Dabei gilt: x ist gleich und y ist gleich y.
        Packen wir zuerst die erste Rechnung und lösen diese, wie folgt, auf:

$$5x-2y = 1 \mid +2y$$
$$5x = 1 + 2y \mid :5$$
$$x = \frac{1+2y}{5} = \frac{1}{5}+\frac{2}{5}y$$

        Aufgabe 1:
        Löse die zweite Aufgabe auch auf. Nachdem wir beide Aufgaben komplett aufgelöst haben, kann das Gleichsetzungsverfahren durchgeführt werden.

        Die Lösung lautet:
        x = 3 - y

Das Verfahren:

$$x = \frac{1+2y}{5} = \frac{1}{5}+\frac{2}{5}y = x = 3 - y \mid +y$$

$$\frac{1}{5}+\frac{7}{5}y = 3 \mid -1,5$$

$$\frac{7}{5}y = \frac{14}{5} \mid -\frac{7}{5}$$

$$y = \frac{14}{5} * \frac{5}{7} = 2$$

Aufgabe 2:
Nun können wir ausrechnen, was y und x für einen Wert hat. Los geht's!

2. Einsetzungsverfahren

Folgende Rechnungen sind gegeben:

2x + 4y = 6
3x − 2y = 1

2x + 4y = 6 | :2
x + 2y = 3 | -2y
x = 3 − 2y

Aufgabe 3:
Nun können wir wieder ausrechnen, was y und x für einen Wert, bei der anderen Gleichung hat. Los geht's!

3. Additionsverfahren

Folgende Rechnungen sind gegeben:
2x - 3y = -4
3x + y = 5

2x − y = -4 | *3
9x + 3y = 15

„Rechnung 1 + Rechnung 2":
9x+3y + 2x − 3y = 15

11x = 11

Stochastik

- Was ist Stochastik?

In der Stochastik dreht sich alles um Wahrscheinlichkeiten. Stell dir vor, du würfelst auf einem Würfel mit maximal 6 Seiten, die Zahl 3. Dann können es immer noch 1, 2, 4, 5 oder 6 gewesen sein, die man würfeln konnte. Das Gegenereignis wäre also: Es wurde keine 5 gewürfelt.

Wenn du allerdings dir vornimmst mindestens eine 3 zu würfeln, dann können es maximalst 1 und 2 gewesen sein, allerdings auch mindestens der Erwartung entsprechend 3, 4, 5 oder 6 sein. Das Gegenereignis ist somit 1 oder 2.

Über dem Buchstaben, der das Gegenereignis betitelt hat einen Strich über dem Buchstaben.

$\overline{A}$ = Gegenereignis

Stell dir nun vor, in einer Obstschale sind 3 Bananen, 4 Äpfel und 5 Pflaumen.
Du willst dir zufällig eins heraussuchen. Wie wahrscheinlich ist es, dass du eine Banane bekommst? Dazu musst du die Summe aller Teile nehmen und ihren Anteil daneben.

Bananen: Chance ist 3 von 12
Äpfel: Chance ist 4 von 12
Pflaumen: Chance ist 5 von 12

Wenn du nun dir ein Obst herausgesucht hast, hier eine Banane, und nochmal zugreifst, kommt die gleiche Rechnung noch einmal:
Bananen: 2 von 11
Äpfel: 4 von 11
Pflaumen: 5 von 11

Auch ist der Erwartungswert eine spannende Einsicht in die Stochastik.

Stell dir vor, du drehst ein Glücksrad mit 1€ Einsatz:
Auf ½ des Glücksrades hast du nichts gewonnen
Auf ¼ des Glücksrades hast du 1€ zurückgewonnen.
Auf einem weiteren ¼ des Glücksrades hast du 2€ gewonnen.

Wie hoch ist die Wahrscheinlichkeit, dass du einen Gewinn machen kannst?
Die Formel lautet:

$E = x1 * p1 + x2 * p2 + x3 * p3 =$
Dabei steht p für die Wahrscheinlichkeit und x steht für den jeweiligen Gewinn.
Ausgerechnet wäre dies also:

½* (-1€) + ¼ * 0€ + ¼ * 1€ = -0,25€

Das heißt: Dein Verlust bei liegt also bei 0,25€.
Kein besonders großer Erfolg.

- Wahrscheinlichkeitsverteilungen

Es werden in vier Modellen der Wahrscheinlichkeitsverteilung unterschieden: Diskrete Zufallsvariable (dazu zählen Wahrscheinlichkeitsfunktion und Verteilungsfunktion), sowie die Stetige Zufallsvariable (die sich Dichtefunktion und deren Verteilungsfunktion nennen).

Diskrete Zufallsvariable bedeutet, dass es eine begrenzte abzählbare Anzahl an Realisationen gibt. Zum Beispiel bei einem Würfel mit 6 Seiten.
Die stetige Zufallsvariable einer diskreten Zufallsvariable wäre beispielsweise eine Körpergröße. Man kann immer einen kleineren oder größeren Wert mit weniger oder mehr genauerer Technik messen. Das macht die Körpergröße zu einer unendlichen Zahl. Die Verteilungsfunktion von stetigen Zufallsvariablen gibt an, wie wahrscheinlich es ist, dass eine bestimmte Realisation auftritt.

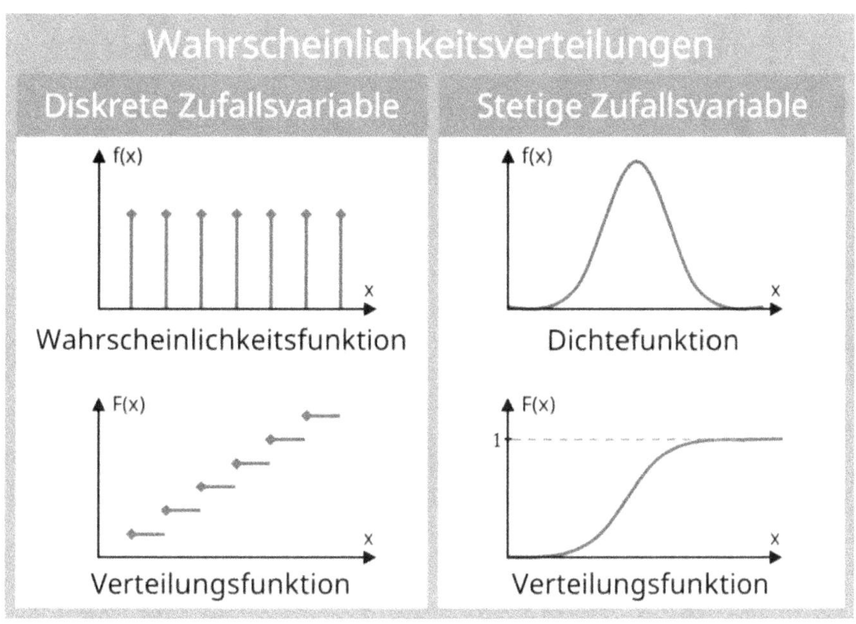

Kapitel 2:

Grundlagen 2 - Grundlagen der EDV

Durchstarten mit Linux

Let's get started!

In diesem Kapitel lernst du alles, was notwendig ist für Bedienung, Programmieren, Administrieren deiner Dateien und Anwendungen, sowie um Linux als Server benutzen zu können. Nach diesem Kapitel weißt du nicht nur, wie der Browser und das Textprogramm funktioniert, sondern kannst viele Dinge selbst in die Hand nehmen, die das sehr veränderbare System Linux mit sich bringt. Los geht's!

Einführung

Starte deine Terminal-Anwendung. Je nachdem welche Distribution du benutzt, ist eine entsprechende Terminal-Anwendung vorinstalliert. Die benötigen wir jetzt. Ab hier benötigst du auch unbedingt fertige Englisch-Kenntnisse. Solltest du Englisch immer noch nicht verstehen, dann lies nochmal die Einleitung dieses Buches.

Über den Befehl „man" können Hilfestellungen aufgerufen werden, was bestimmte Befehle bedeuten.

Aufgabe 1:

Gib in das Terminal ein:
man bash

Nun siehst du was passiert ist. Das Programm „bash", was nichts Anderes ist, wie dein Terminal hat eine komplette Hilfestellung ausgegeben. So funktioniert das mit jedem anderen Terminalprogramm im Speziellen auch.

Aufgabe 2:
Probiere folgende Befehle im Terminal:
man cat
man echo
man cls

Wenn du herausfinden willst, wie das Programm auf dem Computer installiert/integriert ist, benutze den Befehl „type".

Aufgabe 3:
Gebe folgende Befehle ins Terminal ein:
type cat
type echo
type cls

Die Shell

Es gibt Terminalfenster und es gibt das Programm, was deine Befehle im Terminal verarbeitet. Das nennt sich Shell. Das ist eigentlich nur ein Funfact, sollte man aber eventuell mal gehört haben. Es gibt zwei sehr weit verbreitete Shell-Programme.

Aufgabe 4:
Gib folgende Befehle in die Shell ein:
sh
bash

Datenverwaltung

Datei- und Ordnerpfade werden in Linux anders dargestellt, als wie in Windows oder MacOS.

Beispiel:
/home/svenbauder/Desktop

Es wird jedes Mal ein Rückstrich am Anfang eines kompletten Pfades eingegeben, was ausdrückt, dass dort das Festplattenverzeichnis anfängt. „home" ist der private Speicherort der verschiedenen Nutzer. Der Rest erschließt sich von selbst.

Um alle Dateien und Ordner in einem Terminal aufzulisten benötigt man den Befehl „ls".

Aufgabe 5:
Gib folgende Befehle in das Terminal ein:
man ls

Wenn du wissen willst, wo ihr privater Speicherort ist, gib „pwd" ein.

Aufgabe 6:
Spiele mit folgenden Befehlen ein wenig herum. Mit einem -h nach dem Befehl kannst du dir direkt Hilfe über den Befehl ausgeben lassen.

mkdir -h
rmdir -h
cp -h
mv -h
rm -h

Zugriffsrechte administrieren

Mit dem Befehl chmod können Dateien und Ordner zum Schreiben(w), Auslesen(r), und Ausführen (x) geschützt werden.

Dabei gilt auch zu unterscheiden zwischen Benutzer (u), Benutzergruppe(g) und Anderen (o) zu unterscheiden.

Der Befehl lautet also, wenn ich Datei1.sh zum Ausführen bringen will:
chmod u+x

Dabei steht (+) für Hinzufügen und (-) für Entfernen.

Die Verzeichnisse von Linux

/bin Enthält essenzielle Programme wie ls oder mount.

/sbin Enthält essenzielle Administrationsprogramme: wie /bin, nur ist dieses Verzeichnis nicht im Suchpfad normaler Benutzer enthalten; hier stehen Programme wie fdisk oder ifconfig.

/lib Programmbibliotheken, die von Programmen aus /bin und /sbin benötigt werden, sowie Kernel-Module.

/boot Enthält den Kernel und alles, was zum Booten des Kernels benötigt wird.

/dev Gerätedateien.

/etc Konfigurationsdateien.

/home Enthält die Heimatverzeichnisse normaler Benutzer.

/media Enthält (leere) Verzeichnisse floppy, cdrom usw. zum Einbinden von Wechselmedien.

/mnt Leer. Dient zum temporären Einbinden von Dateisystemen durch den Administrator. Bedeutung wie /media.

/opt "Optionale Software": große Programmpakete (wie KDE, Oracle usw., mit Ausnahme von X11 aus historischen Gründen), jeweils in einem eigenen Unterverzeichnis.

/usr Statische, nicht essenzielle Dateien. Der Großteil von Programmen findet sich in den Unterverzeichnissen bin und sbin; /usr ist meistens das größte Verzeichnis.

/usr/share Architekturunabhängige Dateien: Dokumentation u. a.

/usr/local Reserviert für lokalen Gebrauch (selbstinstallierte Software gehört hierhin).

/var Dynamische Dateien wie E-Mail, Druckerwarteschlangen, Protokolldateien, Datenbanken, Caches usw. in jeweils eigenen Unterverzeichnissen.

/tmp Temporäre Dateien, die bei einem Neustart gelöscht werden können. Längerfristige temporäre Dateien stehen in /var/tmp.

/srv Dateien, die von Serverprogrammen (Web- oder FTP-Server, …) zur Verfügung gestellt werden sollen.

Pipelines umleiten

Linux kennt verschiedene Kanäle. Es gibt 3 Standardkanäle und darüberhinaus konfigurierbare Zusatzkanäle.

Diese Standardkanäle heißen:
Standardeingabe (stdin)
Standardausgabe (stout)
Standardfehlerausgabe (stderr)

Die Ausgabe in eine bestimmte Datei auf dem Computer kann mit dem „<" Zeichen umgeleitet werden.

Beispiel:
cat >ausgabedatei.txt

Von nun an wird alles, was cat ausgibt, wenn es gestartet wird an die Ausgabedatei weitergeleitet. In diesem Fall ein Textdokument. Die Ausgabe funktioniert aber auch mit Programmen. Wer ausgabedatei.txt nicht komplett überschreiben will, sondern nur einen Inhalt anfügen will, kann mit folgendem Zeichen auskommen: „>>".

Bespiel:
cat >>ausgabedatei.txt

In folgendem Beispiel wird der Inhalt von ausgabedatei.txt an cat weitergeleitet. Dafür braucht man die Zeichen < oder <<.

Beispiel:
cat <ausgabedatei.txt
cat <<ausgabedatei.txt

Aufgabe 7:
Beschäftige dich mit den Befehlen „find", „tee" und „less".
Beispielbefehle:
find -h
man find

Prozesse verwalten

Jedes Programm in Linux läuft sobald es aufgerufen wurde als Prozess im Arbeitsspeicher deines Computers. Prozesse können Kindprozesse haben. Das sind Prozesse mit Verweis auf den Prozess, der diese aufgerufen hat.
Der Urgroßvater aller Prozesse heißt „init". Dieser startet mit der Bootroutine vom Linuxbetriebssystem.
Prozesse können mit dem Befehl „ps", „kill" und „xclock" verwaltet werden.

Mit dem Befehl „nice" kannst du Prozessen bei der gleichzeitigen Berechnung im Arbeitsspeicher mehr Rechenleistung zuteilen. Auch hier weißt du wieder, wie du damit spielen und ausprobieren kannst.

Treiber und Geräte

Wenn du ein neues Gerät anschließt und deine Linux-Ausgabe das Gerät nicht automatisch bedienen kann, kannst du mit dem Befehl „modprobe treibername" den Treiber aus dem Verzeichnis /lib/modules laden und installieren.
Mit „lsmod" kann man sich alle installierten Geräte anzeigen lassen.
Partitionen sind Einteilungen einer Festplatte. Um deine Festplatte für verschiedene Dateien und Betriebssysteme vorzubereiten empfehle ich die Software gparted.
Ein kostenloses Handbuch zur kompletten gparted-Verwendung hier unter diesem Weblink:
https://gparted.org/display-doc.php&lang=de

Grundlagen und Konfiguration vom Startvorgang

Das BIOS sucht beim Start alle möglichen Systeme auf den angeschlossenen Geräten. Auf einer Linux-Festplatte befinden sich in den ersten 446 Bytes das MBR (Master Boot Record). Es dient dem BIOS zu signalisieren, dass der Bootloader GRUB (Grand Unified Bootloader) die Linux-spezifischen Dinge bearbeiten kann.
GRUB hat zwei Varianten: GRUB Legacy (alte stabile Version) und GRUB 2 (neuartige

Version).
Microsoft hat vor Jahren eine Alternative für das BIOS auf dem Markt gebracht: UEFI.
UEFI sucht nach einem Entschlüsselungsverfahren das verhindern soll, dass das falsche
Betriebssystem gebooted wird.
Windows beherrscht diese Vorraussetzungen. Für Linux-Entwickler ist es nutzlos.
Wer sich einen modernen PC holen möchte, greift bitte besser nach einem Modell mit
BIOS.
Wer sich eine Konfiguration mal anschauen möchte, kann auf dieses YouTube-Video zurückgreifen: https://www.youtube.com/watch?v=I2-9egjFYJw
Für den modernen Administrator gibt es allerdings Tools, die diese Arbeit abnehmen.
Rufus, Unetbootin, YUMI etc.
Nach dem Bootloader GRUB geht es weiter mit dem Init-Prozess, der von nun an alle Prozesse zentral plant und berechnet, als Kindprozesse und als Kindprozesse von Kindprozessen.

Ein wichtiges und heißes Eisen, der Konfiguration einer Workstation ist die /etc/inittab Datei.

Aufgabe 8:
Öffne diese Datei und die Datei /etc/inittab mit einem Texteditor oder dem Befehl cat.

Was sind Runlevels?
S oder 1 Minimal-laufendes System
2 Mehrbenutzerbetrieb ohne Netzwerkdienste
3 Mehrbenutzerbetrieb mit Netzwerkdiensten
4 Unbenutzt/Konfigurierbar
5 Mehrbenutzerbetrieb mit Netzwerkdiensten und X11-Display-Manager für grafische Anmeldung
7 bis 9 Unbenutzt/Konfigurierbar

Standard-Runlevel in /etc/inittab konfigurierbar.

In den Dateien können folgende Typen von Befehlen hinterlegt werden:
respawn Der in dieser Zeile beschriebene Prozess wird sofort wieder gestartet, falls er sich
beendet hat. Typischerweise wird das für Terminals verwendet, die, nachdem der aktuelle
Benutzer mit seiner Sitzung fertig ist, dem nächsten Benutzer taufrisch zur Verfügung gestellt werden sollen.
wait Der in dieser Zeile beschriebene Prozess wird einmal ausgeführt, wenn das System in
den betreffenden Runlevel wechselt, und init wartet darauf, dass er fertig wird.
bootwait Der in dieser Zeile beschriebene Prozess wird beim Systemstart ausgeführt. init wartet darauf, dass er fertig wird. Das Runlevel-Feld in dieser Zeile wird ignoriert.
initdefault Das Runlevel-Feld in dieser Zeile gibt an, welchen Runlevel das System beim
Start anstreben soll. Hier steht normalerweise „5", wenn das System eine Anmeldung auf
dem Grafikbildschirm akzeptieren soll, sonst „3". Näheres siehe unten.
ctrlaltdel Gibt an, was das System tun soll, wenn der Init-Prozess ein SIGINT geschickt
bekommt – was normalerweise passiert, wenn jemand auf der Konsole die Tastenkombination Strg+Alt+Entf drückt. Normalerweise läuft das auf irgendeine Form von shutdown hinaus.

Shellskripte programmieren

Variablen sind Zwischenspeicher von Wörtern, Zahlen, Werten oder Sätzen.
Mit folgendem Befehl, kann man das Wort „content" in die Variable „PAGER" speichern.

PAGER=content

Mit folgendem Befehl kann der Inhalt der Variable ausgegeben werden.
echo $PAGER

Mit dem Befehl...
variable=$(cat textdatei.txt)
lässt sich die Ausgabe von „cat textdatei.txt" in die Variable „variable" eingeben.

Sollten Leerzeichen in der Variable vorkommen, muss das so speziell gekennzeichnet
werden:
PAGER='content one'

Wenn euer Shellskript einen Kindprozess startet, werden die Variablen den Nachkommen
automatisch mitgegeben.

Ein Shellskript kann mit folgendem Befehl ausgeführt werden:
bash skriptdatei.sh

Die Dateiendung von Skriptdateien ist „.sh".

Die Variable $? liest aus, ob der vergangene Befehl eine Fehlermeldung bekommen hat.
0 steht für wahr. 1 für unwahr. 2 für Fehlermeldung.

Außerdem können mit folgenden Konstrukten, die Datenanalyse verfeinert werden:

if-Schleife

if $content1 = $content2
then
password=true
else
password=failed
fi
echo ‚Programmende'

do-Loop

while $password = $true
do
[...]
done
[...]

For-Loop

for $PAGER in ‚eins zwei drei‘

do

echo ‚Verdächtige Eingabe entdeckt‘

done
echo ‚Programmende‘

X11 / Grafikoberfläche

Die X11 Software läuft auf einem lokalen X11 Server. Sowohl der lokale Client, als auch Clients aus dem Netzwerk können nach entsprechender Konfiguration darauf zugreifen.

Der grafische Output funktioniert durch die Variable „DISPLAY".

Also müsste der Client mit dem Befehl:

DISPLAY=localhost:0

an den lokalen X11 Server angeschlossen werden. Die 0 steht dabei für den Port, den ausschließlich X11 im Standardmodus benutzt.
Der X11 Server kann mit dem Befehl

Xorg -configure

gestartet werden.
In der Datei

/etc/X11/xorg.conf

kann die Konfiguration vom X11 Server eingesehen und geändert werden.

FontPath benennt Verzeichnisse, in denen der X-Server nach Schriften sucht, oder einen Schriftenserver. Meist gibt es sehr viele Schriftenverzeichnisse und damit viele FontPath-Parameter.

ModulePath legt Verzeichnisse fest, in denen Erweiterungsmodule für X.Org liegen (typischerweise /usr/lib/xorg/modules).

ModulePath verwaltet in Unterverzeichnissen die Erweiterungen drivers, extensions, input, internal, und multimedia.

Mit dem grundlegenden Befehl „X" starten Sie den installierten X-Server. Im Anschluss können Sie mit dem Befehl „xterm -display :1" einen grafischen Terminal-Emulator starten. Von dieser Terminal-Konsole aus, können weitere xterm gestartet werden.

Nun kann die Variable DISPLAY vergeben werden.

Alternativ kann man auch „startx" verwenden und der X11-Server konfiguriert sich nach der letzten Konfiguration komplett von selbst.

Um weg von der Terminalumgebung zu kommen und den Computern mit Bilder, Farben und Symbolen anzusprechen, brauchst du eine grafische Benutzeroberfläche.

Diese kann beispielhaft von folgenden Quellen heruntergeladen werden:
KDE: https://de.kde.org
GNOME: https://www.gnome.org
freedesktop.org: https://freedesktop.org/

Will man jetzt den X-Server auf andere Computer streamen, kann der Befehl „xhost" verwendet werden.

Aufgabe 9:
Spiele mit dem Befehl xhost herum und erkunde seine komplette Funktionalität mit der Hilfe und den Manpages.

Assembler

Let's get started!

Bevor wir uns mit Assemblern beschäftigen, benötigen wir noch 3 Entwicklungstools.
Herunterladbar unter:

NASM: https://www.nasm.us/
Notepad++: https://notepad-plus-plus.org/
The Netwide Assembler Files: https://sourceforge.net/projects/nasm/files

Assembler sind die unterste Ebene eines Betriebssystems. Ein Computer rechnet in seinem Prozessor mit den beiden Zahlen „1" und „0".
Zur besseren Leserlichkeit wurde eine menschliche Sprache, also Maschinensprache erfunden, sodass der Vorgang schnell und sicher verläuft. Diese Sprache heißt: Assembler.
Assembler sind auf jedem Prozessor ein bisschen anders ausgeprägt.
Wir kümmern uns heute, um die x86-Architektur, die wir mit Assemblern ansteuern und programmieren wollen.

Verschiedene Zahlensysteme

Um zu verstehen, wie Assembler funktionieren, muss man folgende Zahlensysteme gelesen und verstanden haben:

Hexadezimal	Dezimal	Binär
1	1	1
2	2	10
3	3	11
4	4	100
5	5	101
6	6	110
7	7	111
8	8	1000
9	9	1001
A	10	1010
B	11	1011
C	12	1100
D	13	1101
E	14	1110
F	15	1111
	16	

Die 4 grundlegenden Befehle AND, OR, XOR und NOT

X1	X2	AND
0	0	0
0	1	0
1	0	0
1	1	1

X1	X2	OR
0	0	0
0	1	1
1	0	1
1	1	1

X1	X2	XOR
0	0	0
0	1	1
1	0	1
1	1	0

Bei der NOT-Operation wird einfach der Wert des Eingangsbits im Ergebnis invertiert weitergegeben.

Weitere Befehle, die auf der x86-Architektur ansprechbar sind

MOV Ziel,Quelle

MOV AX,BX	MOV AH,AL
MOV DS,AX	MOV BH,AL
MOV AX,CS	MOV DL,DH
MOV BP,DX	MOV AL,DL

Der Assembler erkennt bei AX, BX, CX und DX die Registerbreite anhand des letzten Buchstabens. Ist dieser ein X, wird automatisch ein 16-Bit- Universalregister (z.B. AX) benutzt. Wird dagegen ein H oder L gefunden, bezieht sich der Befehl auf das High- oder Low-Byte des jeweiligen Registers (z.B. AH oder AL).

Das High-Byte ist jenes Byte aus Deinem 16-Bit-Wert, das die 8 hoechstwertigen Bits beinhaltet, das Low-Byte die 8 niederwertigsten.

Der Akkumulator (AX) Der Akkumulator lässt sich in zwei 8-Bit-Register (AH und AL) aufteilen, oder als 16- Bit-Register AX benutzen. Dieses Register wird zur Abwicklung von 16-Bit-Multiplikationen und -Divisionen verwendet. Zusätzlich wird es bei den 16-Bit I/O-Operationen gebraucht. Für 8-Bit-Multiplikations- und Divisionsbefehle dienen die 8-BitRegister AH und AL. Befehle zur dezimalen Arithmetik, sowie die Translate-Operationen benutzen das Register AL.

Das Base-Register (BX) Dieses Register läßt sich bei Speicherzugriffen als Zeiger zur Berechnung der Adresse verwenden. Das gleiche gilt für die Translate-Befehle, wo Bytes mit Hilfe von Tabellen umkodiert werden. Eine Unterteilung in zwei 8-Bit-Register (BH und BL) ist möglich. Weitere Informationen finden sich bei der Beschreibung der Befehle, die sich auf dieses Register beziehen.

Das Count-Register (CX) Bei Schleifen und Zählern dient dieses Register zur Aufnahme des Zählers. Der LOOP-Befehl wird dann zum Beispiel so lange ausgeführt, bis das Register CX den Wert 0 aufweist. Weiterhin ist bei String-Befehlen die Länge des zu bearbeitenden Textbereiches in diesem Register abzulegen. Bei den Schiebe- und Rotate-Befehlen wird das CL-Register ebenfalls als Zähler benutzt. Mit CH und CL lassen sich die beiden 8-Bit-Anteile des Registers CX ansprechen.

Das Daten-Register (DX) Bei Ein-/Ausgaben zu den Portadressen lässt sich dieses Register als Zeiger auf den jeweiligen Port nutzen. Die Adressierung über DX ist erforderlich, falls Portadressen oberhalb FFH angesprochen werden. Weiterhin dient das Register DX zur Aufnahme von Daten bei 16-Bit-Multiplikations- und Divisionsoperationen. Mit DH und DL lassen sich die 8-Bit-Register ansprechen.

MOV - Operanden	Beispiel
Register, Register	MOV AX, DX
Register, Speicher	MOV AX, [03FF]
Speicher, Register	MOV [BP+SI], DX
Speicher, Akkumulator	MOV 7FF[SI], AX
Akkumulator, Speicher	MOV AX, [BX]300
Register, immediate	MOV AL, 03F
Speicher, immediate	MOV [30+BX+SI], 30
Seg. Reg., Reg. 16	MOV DS, DX
Seg. Reg., Speicher 16	MOV ES, [3000]
Register 16, Seg. Reg.	MOV BX, SS
Speicher 16, Seg. Reg.	MOV [BX], CS

PUSH Quelle

Speichert den Inhalt einer Quelle auf dem Stack des Arbeitsspeichers, sodass diese als „zuletzt hinzugefügt" im Arbeitsspeicher weiterverwendet werden kann.

IN AL,imm8
IN AX,imm8
IN AL,DX

IN AX,DX

Mit der Konstanten imm8 wird eine Port-Adresse im Bereich zwischen 00H und FFH angegeben. Der Befehl liest nun einen 16-Bit-Wert aus dem angegebenen Port aus und speichert das Ergebnis im Akkumulator. Es wird aber noch unterschieden, ob ein 8- oder 16-Bit-Zugriff erfolgen soll. Die Registerbreite (AX oder AL) spezifiziert dabei, ob ein Wort oder Byte zu lesen ist. Bei den ersten beiden Befehlen wird die Adresse des zu lesenden Ports direkt als 8-Bit-Konstante angegeben.

Gültige Befehle sind zum Beispiel:

```
IN AL,0EA          ; lese 8 Bit von Port 0EAH in AL
IN AX,33           ; lese 16 Bit von Port 33H in AX
```


```
OUT imm8,AL
OUT imm8,AX
OUT DX,AL
OUT DX,AX
```

Der OUT-Befehl bildet das Gegenstück zur IN-Anweisung und erlaubt es, einen Wert an den spezifizierten Port zu übertragen.

Die Syntax von OR und XOR erklärt

OR Ziel, Quelle

XOR Ziel, Quelle

Kapitel 3:

Einfache Programmierung

Python

Let's get started!

Alles was wir benötigen, deckt die Software „Anaconda Navigator" ab. Bitte lade dir dieses Programm herunter: https://www.anaconda.com/download
Python ist eine beliebte Sprache zur Datenverarbeitung. Sie lässt sich schreiben, aber nicht kompilieren.
Wir fangen bei einfachen Befehlen (und ihrer Syntax) an und gehen langsam ins forgeschrittene Niveau.

Ein allererstes Skript

Öffne nun im Anaconda Navigator, das Tool „Jupyter Notebook" und gebe dort den folgenden ersten Code ein:

```
print('Vier kleine Jägermeister')
type('Vier kleine Jägermeister')
```

Drücke nun oben in der Bedienungsleiste auf „Ausführen" und schau was dir die Kommandokonsole von Jupyter Notebook mitteilt. Nämlich einmal die Nachricht: Vier kleine Jägermeister und dazu noch welchen Datentyp der gleiche Satz besitzt.

Es müssen zwischen folgenden Datentypen unterschieden werden:
float = bedeutet Fließkommazahl (Immer die Fließkommazahlen mit einem Punkt markieren, niemals mit einem Komma.)
int = bedeutet eine reine Zahl.
str = bedeutet ein Text.

Erste Programmierwerkzeuge

Variablen definiert man so:
variable = 'Inhalt'

Ausgegeben werden kann die Variable mit:
print(variable)

Variablen dürfen nicht mit einem Sondezeichen beginnen oder gleichnamig mit Objekten bzw. Befehlen sein, da sonst das Objekt beim Aufrufen den Code ausführst, den du als Variable abgespeichert hast.

Man kann mit Variablen oder direkt-eingegebenen Werten Rechenaufgaben lösen, um diese im Programm weiterzuverwenden.

Beispiel:
10+10+variable=variable2
10-9=variable3

Dabei gelten folgende Möglichkeiten:
+ (Addition)
- (Subtraktion)
* (Multiplikation)

/ (Division)
** (Potenzen)
// (Division ohne Fließkommastelle)
(2+2)*(2+2) (Klammerrechnung)
% (Division mit Restzahl)

Es können Zahlen und mit Variablen/Objekten für Rechnungen genutzt werden.

Benutzereingaben

Mit diesem Befehl geben Sie Benutzereingaben in Variablen ein:

ergebnisinvariable = input('Geben Sie ihr Alter ein:\n')

Das Zeichen „\n" steht dabei für „new line", also neue Zeile und sorgt dafür, dass die Eingabe in der nächsten Textzeile eingegeben werden muss. Mit der Entertaste bestätigen, versteht sich!

Erstellen von Schleifen

Hier eine Beispielschleife:

for variableninhalt in text:
print('Treffer festgestellt!')

Dabei ist der Inhalt immer markiert und Variablen bzw. Objekte werden immer direkt angesprochen.

Wahr oder falsch?

Aufgabe 1:
Ordne die Befehlszeilen der möglicherweise gemeinten Erklärung zu.

Befehlszeile:
variable1 is not variable2
variable1 is variable2
variable1 >= variable2
variable1 <= variable2
variable1 > variable2
variable1 < variable2
variable1 != variable2

Erklärungen:
variable1 ist ungleich variable2
variable1 ist größer als variable2
variable1 ist kleiner als variable2
variable1 ist groesser oder gleich variable2
variable1 ist kleiner oder gleich variable2
variable1 bezeichnet das selbe Objekt, wie variable2

variable1 bezeichnet nicht das selbe Objekt, wie variable2

Wenn du diese Befehle eingibst, zeigt dir die Konsole, ob der Wert „true" oder „false" ist.

if-Statements

Möglicher if-statement könnte sein:

```
if marmeladenzucker < 500:
    print('Der Marmeladenzucker ist unter der Normgrenze.')
else:
    print('Mit der Marmelade stimmt etwas nicht.')
```

So kann man einfache „Wenn und Dann" Anweisungen zu den gewünschten Berechnungen angeben.

Folgende Statements sind auch möglich:

```
if marmeladenzucker < 500:
    print('Der Marmeladenzucker ist unter der Normgrenze.')
elif marmeladenzucker < 520:
    print(‚Der Marmeladenzucker ist leicht über der Normgrenze.')
else:
    print('Mit der Marmelade stimmt etwas nicht.')
```

Dabei ist der Teil mit elif eine weitere Vorgehensweise, wenn if bereits mit „false" gescheitert ist. Das Gesamte lässt sich auch in Schachteln verpacken:

```
if marmeladenzucker < 500:
    print('Der Marmeladenzucker ist unter der Normgrenze.')
elif marmeladenzucker < 520:
    print(‚Der Marmeladenzucker ist leicht über der Normgrenze.')
else:
    if marmeladenzucker = …
```

Du kannst also nach jedem if, elif oder else statement eine weitere Schachtel mit if oder elif hunzufügen.

Funktionen

Funktionen sind kurze Skripte als einzelner Befehl. Funktionen sind als Klassen in ein Skript einfügbar.

Einfügen kann man mit dem Befehl import.

Aufgabe 2:
Importiere die Standardbibliothek math, wie folgt:

import math

Du hast bereits Zugriff auf folgende Funktionen, ohne importieren zu müssen:

max(5,332,13445,6.43,3534)
Gibt hier die höchste Zahl der Zahlenkette aus. Bemerke: Komma sind „." Zeichen und
Trennungszeichen sind die „" Zeichen. Diese Regel gilt im gesamten Python.

min
Gibt hier die niedrigste Zahle der Zahlenkette aus.

len()
Gibt die Zeichenlänge der Eingabe aus.

Int()
Wandelt Eingabe in integer-Variable um. (ganze Zahl)

float()
Wandelt Eingabe in float-Variable um. (Fließkommazahl)

str()
Wandelt Eingabe in Zeichenkette/String um. Beispiel: ‚Beispieltext'

Da wir ja bereits damit angefangen haben, die Bibliothek „math" zu importieren, folgen
jetzt Funktionen aus dieser Bibliothek zum Ausprobieren:

Aufgabe 3:
Navigiere zu der offiziellen Dokumentation von Python über die Bibliothek math das her-
auszusuchen, was du brauchst:

https://docs.python.org/3/library/math.html

while-Schleife

Beispiel:

while marmeladenzucker < 600:
    print(‚Der Marmeladenzucker ist immer noch viel zu hoch!'
    marmeladenzucker = input(‚Gib den aktuellen Stand vom Marmeladenzucker ein:')
print(‚While-Schleife beendet!')

Die While-Schleife wiederholt sich so lange, bis der zugewiesene Wert, immer noch
stimmt. Auch lässt sich die while-Schleife mit der if-Schleife verschachteln.

Arrays

Du kannst auch mehrere Werte in eine Variable packen. Das sieht dann so aus:

arrayvariable = [4564, Simon, 5Erdbeeren]

Auf diese Zeichenketten, Arrays genannt, können jegliche Funktionen angewendet werden. Es gibt viele Bibliotheken, deswegen werden wir nicht auf alle hier im Einzelen eingehen. Aber mit der Bibliothek math bist du für das Erste gut aufgestellt.

Du kannst verschiedene Stapeln von Arrays in derselben Variable angeben:

arrayvariable1[1] = [24, 677, 45]
arrayvariable1[2] = [Cheeseburger, 45]
print(arrayvariable1[1])
print(arrayvariable1[2])

Aufgabe 4:
Lege eine solche Liste an und gebe sie mit print aus.

Folgende Funktionen sind gut, um Arrays verwalten zu können:

Listen können mit der Funktion „list" die Variable in einzelne Buchstaben in Form von einer Liste verwandelt werden.

Mit der Funktion „split" kann ein Satz in einzelne Wörter in eine Liste getrennt werden. Die Syntax sieht dies, wie folgt, vor:

arrayvariable2.split()

Zusammenfügen

Krankheitsstatusvariable = infiziert
arrayvariable1 = ‚Ich bin' + krankheitsstatusvariable + ‚.'
print(arrayvariable1)

Ähnliche Methoden einer Liste

Aufgabe 5:

Lies, wie man ein Dictionary anlegt. Diese Methode ist nicht so bedeutend, kann aber zur Bequemlichkeit bzw. Sichtbarkeit des Codes gut verwendet werden.
https://docs.python.org/3/tutorial/datastructures.html#dictionaries

Dateiverwaltung

Du kannst den Text von Dateien in Variablen speichern. Dazu benutzt du den Befehl open.

Dateiinhaltvariable = open(‚textdokument.txt')

Diese Inhalte können mit den bereits gezeigten Mitteln verarbeitet werden.

Learning-by-Doing / Wie es weitergeht

 Wenn du noch Fragen hast oder dein Wissen über mehr Klassen vertiefen willst, besuche folgenden Link.

Aufgabe 6:
Lese das Dokument auf dem Link ausführlich durch:
https://pythonbuch.com/objekte.html

Machine Learning

Let*s get started!

Was ist maschinelles Lernen? Maschinelles Lernen ist eine Verfahrensweise der Programmierung in dem das Programm aktiv an Daten dazulernt, anstatt lediglich den vorhergesehenen Code auszuführen.

Der Computer geht dabei folgende Schritte durch:
1. Ein Problem definieren
2. Daten vorbereiten
3. Bewerten durch Algorithmen
4. Verbesserung der Ergebnisse
5. Ausgabe der Ergebnisse

Dafür kann die Programmiersprache „Python" ideal verwendet werden.

Für maschinelles Lernen müssen bestimmte Bibliotheken installiert sein, sodass die Daten auch verarbeitet werden können.

Unter Linux kann, nachdem „Anaconda Navigator" installiert worden ist (https://www.anaconda.com/download), durch die Befehle:

pip install numpy
pip install matplotlib
pip install pandas
pip install seaborn

alle für maschinelles Lernen notwendige Bibliotheken installiert werden.

Wenn wir im Anaconda Navigator nun das „Jupyter Notebook" öffnen, um zu programmieren, können diese Bibliotheken mit folgenden Befehlen im Skript abrufbar machen:

import numpy
import matplotlib
import pandas
import seaborn

Anschließend müssen wir noch %matplotlib notebook nach dem Importieren eingeben, sodass die Daten auch sofort im Jupyter Notebook direkt ausgeben werden.

Die verschiedenen Bibliotheken im wesentlichen Überblick

numpy

Verschiedene grundlegende numpy Befehle sind:

ergebnisvariable = sum(arrayvariable[12, 13, 14, 15])
numpy.sum gibt die Summe aus von allen Werten im Array „arrayvariable".

numpy.lcm(12, 24, 36)
lcm gibt den kleinsten gemeinsamen Vielfachen aus.
numpy.gcd(5, 10, 20, 50, 100, 500)

numpy.gcd gibt den größten gemeinsamen Teiler aus.

numpy.substract(500, 200)
numpy.substract subtrahiert in angegebener Reihenfolge.

numpy.divide(100, 50)
numpy.divide teilt in logischer Reihenfolge.

numpy.multiply(500, 500, 500, 500, 500, 500)
numpy.multiply multiplizert angegebener Reihenfolge.

Aufgabe 1 (überspringbar/erstig nicht relevant):
Schaue folgendes 80-minütige Tutorial an, wenn du willst, dass das komplett Numpy bei
dir „richtig sitzt".
https://www.youtube.com/watch?v=32j3BgYswlY
Wir haben uns hier nur auf einen relevanten Teil konzentriert, da deine Machine Learning-
Programme allerdings bei unterschiedlichen Themenbereichen andere Numpy Befehle benötigt.
Das komplette Numpy-Lexikon findest du hier auf Englisch zum Spicken:
https://numpy.org/doc/stable/reference/index.html

matplotlib

Um Daten mit matplotlib bzw.matplotlib.pyplot zu verarbeiten, braucht es zuerst: Daten.
Also legen wir ein Array an mit verschiedenen Daten:

xdatarray = [2, 4.5,1000, 212]

Anschließend können wir xdataarray grafisch darstellen mit:

matplotlib.plot(datarray)
matplotlib.show()

Das grafische Ergebnis kann auch mit folgenden Befehlen grafisch dargestellt werden:

xdatarray = [2, 4.5,1000, 212]
plt.plot(xdataarray, color = ‚green', linestyle = '')

Es gibt folgende Typen von „linesyle":

Gestrichelt   --
Punkte   :
Strich-Punkte   -.
Durchgezogen   -
Nichts   ''

Das sieht dann beispielsweise so aus:
plt.plot(xdataarray, color = ‚green', linestyle = '-.')

Es können auch mehrere Achsen der grafischen Darstellung genutzt werden:

```
xdataarray1 = [4, 5, 6, 7, 8]
xdataarray2 = [5, 7, 8, 45, 9]
matplotlib.plot(xdataarray1, xdataarray2]
matplotlib.show
```

Wer mehr von „matplotlib" haben will, kann zusammen mit der bereits vorgestellten Bibliothek „math", gut arbeiten.

Pandas

Aufgabe 2:
Gebe folgenden Code in deine Datei ein:

```
import numpy as np
import pandas as pd

dataframe = pd..DataFrame(
        {
          „Kundenummer": [0, 1, 2, 3]
           „Kundenname": [„Sven, „Michael", „Alex"]
           „Bestellungsmenge: [12, 24, 33]
}
)
print(dataframe)
```

Führe den Code aus.
Du siehst, wie eine Datenbank in „Jupyter Notebook" dargestellt wird.

Die Daten der Datenbank kann folgendermaßen geändert werden:

```
dataframe.at[3, Bestellungsmenge] = 32
```

Die Bestellungsmenge in Zeile 3 beträgt nun 32.

Es gibt nicht nur Datenbanken mit einzeiligem Text oder Zahlen, sondern in pandas können auch HTML, XLS, SQL etc. -Dateien eingelesen werden, verarbeitet und ausgegeben
werden.

Type	Data Description	Reader	Writer
text	CSV	read_csv	to_csv
text	Fixed-Width Text File	read_fwf	
text	JSON	read_json	to_json
text	HTML	read_html	to_html
text	LaTeX		Styler.to_latex
text	XML	read_xml	to_xml
text	Local clipboard	read_clipboard	to_clipboard
binary	MS Excel	read_excel	to_excel
binary	OpenDocument	read_excel	
binary	HDF5 Format	read_hdf	to_hdf
binary	Feather Format	read_feather	to_feather
binary	Parquet Format	read_parquet	to_parquet
binary	ORC Format	read_orc	to_orc
binary	Stata	read_stata	to_stata
binary	SAS	read_sas	
binary	SPSS	read_spss	
binary	Python Pickle Format	read_pickle	to_pickle
SQL	SQL	read_sql	to_sql
SQL	Google BigQuery	read_gbq	to_gbq

Aufgabe 3:
Füge eine HTML-Datei durch den folgenden Beispiel-Befehl in dein DataFrame ein:

read_html(Webadresse)

Wie wir diese Dateien, vor dem Output, verarbeiten können, kommt in einem anderen Teil dieses Kapitels vor.

Künstliche Intelligenz – aber wie?

Du hast bereits gelernt, mit den nötigsten Bibliotheken umzugehen. Jetzt kommt die Programmierung zur künstlichen Intelligenz.

Aufgabe 4:
Siehe dir diese kurzen Erklärungsvideos, über künstliche Intelligenz, an:
Erstes Video: https://www.youtube.com/watch?v=sDt5bTQBJis
Zweites Video: https://www.youtube.com/watch?v=cxCzhFVyUdw

Aufgabe 5:
Nun übersetzen wir das Gesamte in Programmiersprache:

```
import tensorflow
From tensorflow import keras


# Eingabe / Input

inputlayer1 = input(‚Wie hoch ist ihr Körpergewicht?‘)
inputlayer2 = input(‚Wie hoch ist ihre Körpergröße?‘)
inputlayer3 = input(‚Ernährst du dich gesund? Gib Ja oder Nein ein“.‘)

# Hiddenlayer / Verabeitung

inputlayer2 = inputlayer2 + 10
if inputlayer1 is >= inputlayer 2:
    potentialrisk = ++1
else
  if inputlayer3 is ‚Nein‘:
    potentialrisk = ++1

# Ausgabe / Output
if potentialrisk is ‚0‘:
    […]

if potentialrisk is ‚1‘:
    […]

if potentialrisk is ‚2‘:
    […]
```


Endlich haben wir es geschafft.

Kapitel 4:

Webprogrammierung

HTML, CSS + JavaScript

Let's get started!

Endlich geht es los mit der Webprogrammierung. Im ersten Teil „HTML, CSS + JavaScript" werden wir zusammen eine simple Webseite erstellen.
Diese simple Webseite zu einem multifunktionalem Online-Dienst zu machen, ist Aufgabe
des zweiten Teils „MySQL + PHP".

Vergesse nicht das Programm Notepad++ zu benuzen, um deinen Code zu schreiben.

Aufgabe 1:
Öffne ein neues Dokument in Notepad++ und gebe folgende Code ein:

```
<html>

<head> <title> Wir lernen Webprogrammierung </title>
</head>

<body>

<a href="www.metager.de"> Weiterleiten zur deutschen Metasuchmaschine HIER. </a>
<p>Hallo. Willkommen bei „Wir lernen Webprogrammierung! </p>
<img src=" https://upload.wikimedia.org/wikipedia/commons/thumb/8/8e/Hauskatze_lang-
haar.jpg/800px-Hauskatze_langhaar.jpg">
<iframe src=" https://giphy.com/embed/nGMnDqebzDcfm">

</body>

</html>
```

Öffne die gespeicherte .html-Datei im Webbrowser (beispielsweise Google Chrome, Mo-
zilla Firefox etc.)

Aufgabe 2:
Beschreibe was du siehst und versuche die Tags title, a, p, img und iframe näher zu verstehen, in dem du mit diesen experimentierst.

Aufgabe 3:
Füge innerhalb der Schachtel von <head> und </head> auch noch das Tag <style> und
</style> ein.

Lösung:
```
<html>

<head> <title> Wir lernen Webprogrammierung </title>
<style>

</style>
</head>
```

```
<body>
</body>
</html>
```

In das Tag style kannst du CSS-Code eingeben. CSS steht für Cascading Style Sheets.

Schauen wir uns doch mal ein hübsches Aussehen näher an:

```
body {
    color: green;
    background-color: black;
     font-family: Arial;
     }
```

Aufgabe 4:
Füge den obigen Code in <style> ein. Setze mindestens ein <p> Tag mit Text, da sonst das Design nicht zu sehen ist.

Für eine Liste ALLER CSS-Befehle kannst du unter diesem Link nach Antworten suchen:

https://www.w3schools.com/cssref/index.php

Aufgabe 5:
Schreibe body mindestens 5 weitere Attribute hinzu und schaue was passiert.

Du kannst nicht nur Tags eine CSS-Beschreibung anhängen. Sondern auch auch Klassen und IDs.

Das geht, wie folgt:

1. Im HTML-Code gibst du im einzelnen Tag die Klasse oder ID an:

<p class=„singleclass" id="singleid"> Beispieltext </p>

Im CSS-Code sieht das dann so aus:

```
.singleclass {
            color: red;
            background-color: black;
}

#singleid {
            font-family: Arial;
}
```

Der Unterschied zwischen Klassen und IDs ist, dass Klassen von mehreren Elementen von HTML benutzt werden und können und IDs lediglich ein einzelnes Element ansprechen können.

Klingt doch ganz einfach, oder?

Formulare mit HTML

Gib nun folgendes Gerüst ein:

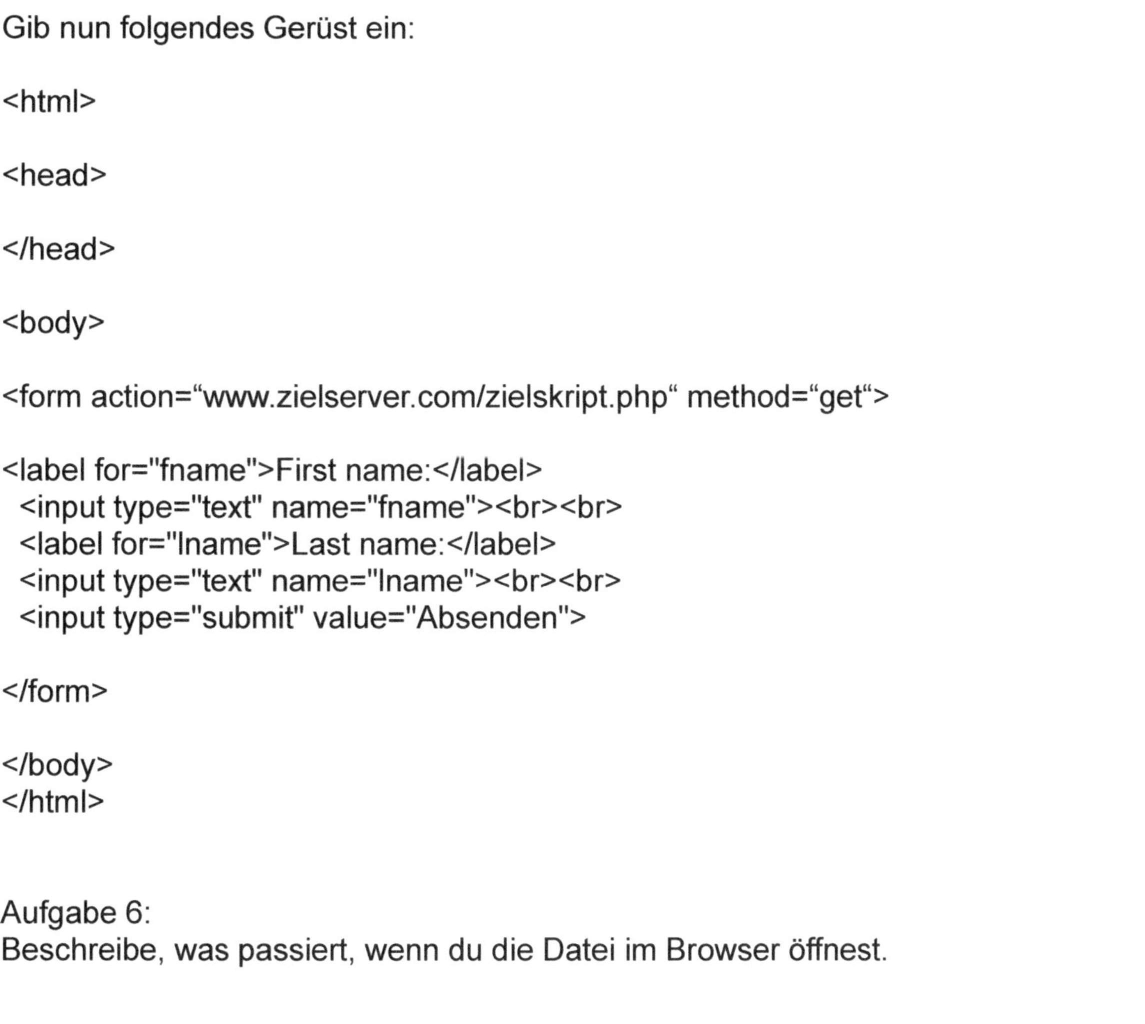

```
<html>

<head>

</head>

<body>

<form action="www.zielserver.com/zielskript.php" method="get">

<label for="fname">First name:</label>
  <input type="text" name="fname"><br><br>
  <label for="lname">Last name:</label>
  <input type="text" name="lname"><br><br>
  <input type="submit" value="Absenden">

</form>

</body>
</html>
```

Aufgabe 6:
Beschreibe, was passiert, wenn du die Datei im Browser öffnest.

Es öffnet sich ein Formular, in dem du Informationen an www.zielserver.com/ziels-kript.php absenden kannst. Wie du solche server-seitigen (empfänger-seitigen) Skripte schreibst, erfährst du im nächsten Kapitel.

Unterschied zwischen POST und GET Methode

Wenn du in „form" die Methode „get" eingibst passiert Folgendes:

Durch das Senden der Daten mit der get-Methode werden alle Formularfelder nach Name und Wert in die Adressleiste eingefügt. Dadurch wird unser URL länger, indem jedes Element an die Adresse der empfangenden Seite angehängt wird.

Wenn du in „form" die Methode „post" eingibst passiert Folgendes:

Die Daten werden im Hintergrund vom Browser an den Server gesendet, während Client und Server zunächst miteinander kommunizieren. Die Daten werden in den Headern der Kommunikation gesendet und sind für den Endbenutzer nicht sichtbar. Mit der Post-Methode markierte Seiten haben später keinen Zugriff auf die Informationen und diese Informationen gehen verloren, wenn der Benutzer die Seite verlässt

Ausführbare Skripte mit JavaScript

Ein JavaScript-Code kann folgendermaßen eingefügt werden:

```
<script type="text/javascript">

alert("Hallo!");

</script>
```

Der Befehl „alert" gibt eine Meldung aus mit dem Text „Hallo!".

Du kannst ganze Befehlszeilen zu einer Funktion zusammenfassen und diese später wieder aufrufen:

```
<script type="text/javascript">

function begrüßung() {
alert("Hallo!");
}

</script>

<input type="button" onclick="begrüßung()" value="Begrüßung starten!">
```

Mit „onclick" kann eine Funktion beim Anklicken gestartet werden.

Um die Funktionen und den restlichen Code zu füllen, gibt es natürlich noch mehr Befehle, als wie „alert":

Variablen können festgelegt werden mit:

```
var variablenname="inhalt";
alert(inhalt");
```

Es können auch Texte in die HTML Datei eingefügt werden:

```
document.write („<p>Eingefügter Text.</p>")
```

Auch können Variablen zu Stapeln verwandelt werden. Sogenannte „Arrays":

```
variablenname[0] = „Stapelplatz 1"
variablenname[1] = „Stapelplatz 2"
variablenname[2] = „Stapelplatz 3"
```

Aufgabe 7:

Um mathematisch-gestützte Schleifen zu lernen, empfehle ich folgenden Link. Dieser ist nicht notwendig, um Webseiten komplett zu verstehen, da das Meiste auch mit PHP umsetzbar ist. Allerdings ist es einen kurzen Blick wert:

https://wiki.selfhtml.org/wiki/JavaScript/Schleife

PHP + MySQL

Let's get started!

Mit HTML, CSS und JavaScript haben wir gelernt, was eine Webclient-Anwendung alles beherrschen kann. Wenn wir nun etwas zwischen unserem Computer und einem eigenen zentralen Server-Computer austauschen wollen, benötigen wir PHP und MySQL.

PHP ist dabei die Sprache, die aus einer Website eine interaktive Website macht. Deshalb werden wir uns äußerst intensiv mit PHP beschäftigen.

MySQL ist ein Datenbankverwaltungssystem, in dem das PHP-Skript Daten speichern, verändern, verarbeiten und löschen kann. Wir werden uns mit verschiedenen Benutzern und ihren Zugriffsrechten beschäftigen.

Vorbereitungen

Erst einmal benötigen wir einen Server, um Anwendungen zu programmieren, die zwischen Client und Server kommunizieren sollen.

Kostenloser bis günstiger Webspace findest du bei lima-city.de:

https://www.lima-city.de/register

Außerdem brauchen wir einen ordentlichen PHP-Editor. Das übernimmt CodeLite DIE für uns:
https://downloads.codelite.org/

Das erste PHP-Dokument

Aufgabe 1:

Erstelle eine Datei mit dem Namen „index.php" und fülle diese mit folgendem Gerüst:

```
<html>
<head> <title> PHP-Kurs </title>
</head>

<body>

<?php

?>
</body>
</html>
```
Lade diese Datei auf deinen Server hoch und lass uns im nächsten Abschnitt anschauen, was wir mit PHP alles meistern können.

Erste Befehle

Um Variablen zu deklarieren, gibt es folgenden Befehl:

```php
$variablenname = 'Inhalt der Variable';
$variablennamearray = ('Ich bin A.', 'Ich bin B.', 'Ich bin C.');
```

Auch in PHP gibt es statements, loops und switch cases. Hier nicht noch einmal erklärt, sondern nur einmal kurz dargestellt:

```php
if (bedingung) {
    // Auszuführender Code
} elseif (bedingung2) {
    //Auszuführender Code
} else  {
   //Auszuführender Code
}

do {
    // Auszuführender Code
} while (bedingung);


$day = "Monday";
switch ($day) {
   case "Monday":
      echo "Today is Monday.";
      break;
   case "Tuesday":
      echo "Today is Tuesday.";
      break;
   case "Wednesday":
      echo "Today is Wednesday.";
      break;
   case "Thursday":
      echo "Today is Thursday.";
      break;
   case "Friday":
      echo "Today is Friday.";
      break;
   case "Saturday":
      echo "Today is Saturday.";
      break;
   case "Sunday":
      echo "Today is Sunday.";
      break;
   default:
      echo "Invalid day.";
}

for (startwert; bedingung; zugabe) {
   // So oft auszuführen, solange bedingung = true ist
}
```

Die beiden Geschwister $_GET und $_POST

Um Daten zu empfangen, die von HTML abgeschickt werden als GET oder POST, um sie weiterzuverarbeiten, benötigt folgendes Konstrukt:

```
$vorname = $_GET['variable1'];
$nachname = $_GET['variable2'];
echo "Hallo $vorname $nachname";

$vorname = $_POST["variable3"];
$nachname = $_POST["variable4"];
echo "Hallo $vorname $nachname";
```

Vielfalt an Befehlen

Aufgabe 2:
Probiere mindestens 5 weitere Befehle in deiner PHP-Website aus.
https://www.php.net/manual/en/langref.php

Datenbanken mit MySQL – Vorbereitung

Jetzt brauchen wir das Programm MySQL Workbench.
Herunterladbar unter:

https://dev.mysql.com/downloads/workbench/

Aufgabe 3:
Erstelle in lima-city.de selbstständig eine MySQL-Datenbank und finde heraus, auf welcher Webadresse diese Datenbank liegt, wie sie heißt und wie der Benutzername und das Passwort für die Datenbank ist. Wenn du Schwierigkeiten hast, diese Optionen zu finden, wende dich telefonisch an lima-city.de.

Anschließend können wir stolz in das PHP-Dokument, die Verbindung zur Datenbank starten:

```
mysqli_connect("Webadresse", "Benutzername", "Passwort", "Datenbankname");
```

Um eine Datenbank zu bearbeiten gibt es unter Anderem folgende PHP-Befehle:

```
mysqli_close — Schließt eine Verbindung zu MySQL
mysqli_connect — Öffnet eine Verbindung zu einem MySQL-Server
mysqli_create_db — Legt eine MySQL-Datenbank an
mysqli_select_db — Wählt eine Datenbank aus und führt darauf eine Abfrage aus
mysqli_fetch_field_direct — Liefert die Länge des angegebenen Feldes
```

Aufgabe 4:
Bearbeite mit MySQL Workbench eine Datenbank mit mindestens 5 der Befehle aus der verlinkten Referenz:

https://www.a-coding-project.de/ratgeber/mysql/befehle

Aufgabe 5:
Um nun einen MySQL-Befehl in PHP einzubinden, gibt es folgenden PHP-Befehl:
$mysqliconnection = new mysqli("localhost","my_user","my_password","my_db");
$ergebnisverarbeitung = $mysqliconnection -> query("**MySQL BEFEHL**");
echo '$ergebnisverarbeitung';

Kapitel 5:

Desktop + Gaming-Programmierung

C/C++

Let's get started!

Standardmäßig werden Desktop-Programme unter Linux mit C bzw. C++ geschrieben. Wir werden uns in diesem Teil über C/C++ nicht um grafische Benutzeroberflächen kümmern, sondern lediglich Terminal-fähige Skripte erstellen, die auch kompiliert werden können. In den nächsten beiden Teilen des Kapitels geht es dann im zweiten Teil um Grafik und im dritten Teil um Unity mit C#.

C++ und C# sind verwandte Programmiersprachen, allerdings weisen diese Unterschiede auf. Für Unity (also Entwicklung von Computerspielen) benötigt man bei Unity C#. Zur Vollständigkeit aber, wollen wir mit C/C++ ein Terminal-fähiges Skript erstellen.

Als Entwicklungsumgebung verwenden wir folgendes Programm:
https://downloads.codelite.org/

Textausgabe

Mit dem Befehl „cout" kann eine Textausgabe ausführen.
Der Code sieht folgendermaßen aus:

cout << „Herzlich Willkommen beim C++ Kurs!";

Variablen

Es gibt insgesamt 4 verschiedene Typen von Variablen. Lasst uns diese hier deklarieren mit folgendem Code:

int zahlenreihenfolge;
double kommazahlenfolge;
boolean truefalse;
string titel

Kommazahlen werden immer mit einem Punkt geschrieben, anstatt mit einem europäischen Komma.

Lasst uns nach der Deklaration einen Wert zuweisen:
Zahlenreihenfolge = 2030;
Kommazahlenfolge = 12;
Boolean = false;
titel = „Nie wieder Faschismus!";

Nun kann mit dem cout Befehl eine Variable ausgegeben werden.

cout << zahlenreihenfolge;

Natürlichst können Variablen auch hier wieder verarbeitet werden, wie folgende Abschnitte zeigen.

Arithmetische Operatoren

Auch in C/C++ lässt sich rechnen.

```
int alpha;
int beta;
int theta;
int gamma;

alpha = 100;
beta = 100;
theta = 50;
gamma = 3;

cout << alpha + beta – theta % gamma;

neuesummenvariable = alpha + beta + theta + gamma;

cout << neuesummenvariable;
```

If-Statement

Ein if-Statement in C/C++ sieht folgendermaßen aus:

```
If (100 > alpha) {
     cout << „If-statement bestätigt."
}
```

Mit folgenden Operatoren können if-Statements benutzt werden:

```
a && b     wenn a und b wahr sind, dann…
a || b     wenn a oder b wahr ist, dann…
a ! b      wenn a und b falsch sind…
```

Code-Beispiel:

```
boolean hemdan;
boolean hosean;

if (hemdan && hosean) {
cout << „Super! Du bist voll bekleidet!";
}
```

If-Else-Statement

Nehmen wir nochmal das Beispiel von eben und schreiben folgendes dazu:

```
If (100 > alpha) {
     cout << „If-statement bestätigt."
}
else {
```

cout << „Ziehe dich vollständig an!";

}

Das else-Statement wird immer dann aufgerufen, wenn die Bedingung in „if" nicht stimmt.

Switch-Case-Statement

Ein typisches Switch-Case-Statement ist folgender Code:

```
int tagderwoche = 5;

switch (tagderwoche) {
case 1: cout  << „Montag";
break;
case 2: cout << „Dienstag";
break;
case 3: cout << „Mittwoch";
break:
case 4: cout << „Donnerstag";
break;
case 5: cout << „Freitag";
break;
case 6: cout << „Samstag";
break;
case 7: cout << „Sonntag";
break;
}
```

Es kann also eine Variable erstellt werden, die mit einem Inhalt befüllt werden kann. Switch sucht sodann heraus ob die Eingabe in einem „case" gelistet ist. Die Befehle im Case werden ausgeführt. Ziemlich selbsterklärend, oder?

For-Loops

```
int pufferzahl;

for (pufferzahl = 0; pufferzahl < 5; pufferzahl++) {

cout << „Erneut in Bearbeitung…"

}
```

Das „pufferzahl++" steht für +1 zur int-Zahl.
Solange alle Argumente in den Klammern stimmen, wird der Code in den geschweiften Klammern nochmals ausgeführt.

While-Loops

```
Int pufferzahl = 5;
while (pufferzahl > 0) {
            pufferzahl << "Hello" << endl;
            count--;
}
```

Die Variable „pufferzahl" kann auch im Code der geschweiften Klammer manipuliert werden. So sind der Kreativität keine Grenzen gesetzt.
Der While-Loop wird nur erneut ausgeführt, wenn die Bedingung immer noch die Gleiche
ist unter der Sie aufgerufen worden ist.

Nested-Loops

Genauso, wie in Python, lassen sich die Loops auch wieder verschachteln.

Aufgabe 1:
Konstruiere eine C++ Schachtel (Nested-Loop).

Arrays

Der Code für ein Array ist der Folgende:

```
int wahlstimmen [] = (‚Gärtnerverbund', ‚Dekadenzbude', ‚Antisozialerverein');
```

Um eine bestimmte Stelle im Array anzusprechen, hilft folgender Code:

```
wahlstimmen [0] = (‚Ehemaliger Gärtnerverbund')
```

Der Array fängt immer mit 0 an zu zählen. 0 ist die erste Zahl.

Schlussbemerkung

Das war der kurze Crashkurs über C/C++ für einfache Terminalanwendungen. Die nächsten beiden Teile dieses Kapitels bauen auf diesem Wissen auf, wie Alles nacheinander in
diesem Buch.

Freue dich nun auf einer der coolsten Gründe für Linux zu programmieren: Grafik + Com-
puterspiele.

Im zweiten Teil dieses Kapitels werden wir mit den Programmen GIMP und Blender animieren und designen.

Im dritten Teil dieses Kapitels werden wir mit der Entwicklungsumgebung Unity in der Programmiersprache C# einfache Elemente zum Erlernen zusammenfügen und du kannst
dein Computerspiel mit deiner grenzenlosen Fantasie ohne dieses Buch fertigprogrammie-
ren.

Grafikdesign & Grafikani-
mationen

Let's get started!

In diesem Teil schauen wir uns 2 Anwendungsprogramme sehr genau an und versuchen in 2 Etappen Grafikdesign und Grafikanimation zu lernen.

Mit GIMP wird es um Grafikdesign gehen. Bei Blender kommen wir zur Grafikanimation. Die Programme sind herunterladbar unter:

GIMP:
https://www.gimp.org/downloads/

Blender:
https://www.blender.org/download/

Grafikdesign mit GIMP

Aufgabe 1:
Lade dir ein beliebiges Bild aus dem Internet herunter oder benutze ein eigenes Motiv. Wir werden mit diesem Bild erste Grundlagen erlernen, was es über Bildbearbeitung zu wissen gibt. Klicken Sie in GIMP auf Datei und dann auf Öffnen, um das gewünschte Bild einzulesen.

Aufgabe 2:
Klicken Sie in GIMP in der rechten Leiste oben auf das Symbol „Klonen".
Nun kann mit der Strg-Taste und der Umschalt-Taste ein gewünschter zweiter Punkt übermalt werden, mit der Grafik des ersten Punkts, auch Retuschieren genannt.

Aufgabe 3:
Mit Weichzeichnungsfiltern kannst du Bildstörungen abmildern. Klicke oben rechts auf das Symbol „Gaußscher Weichzeichner" und probiere, was mit dem Bild geschieht.

Aufgabe 4:
Auch „Schärfen" ist eine Option. Es kann bei der Aufnahme mit Digitalkameras zu Störungen mit der Bildschärfe kommen. Wenn du dies korrigieren willst, klicke oben in der Programmleiste auf „Werkzeuge", dann auf den Reiter, dann auf „Weichzeichnen/Schärfen". Probiere aus, was man alles verändern kann.

Aufgabe 5:
Klicke nun auf WERKZEUGE → FARBEN→ FARBTON/SÄTTIGUNG
Probiere hier mit dem sogenannten Kreativfilter aus, was man alles machen kann, um das Aussehen eines Fotos zu bearbeiten.

Kleiner Tipp am Anfang: Wenn du gerne Vintage-Looks magst, dann drehe den Grün-Wert leicht nach unten und den Rot-Wert leicht nach oben, sowie den Blau-Wert fast auf null. Dann entstehen schöne herbstliche Bilder.

Ebenen
Ebenen befinden sich aufgereiht auf einem Stapel. Jede höhere Schicht bedeckt die niedrigere Schicht. Mit transparenten Elementen kann auch durch die Ebene hindurchgesehen werden.

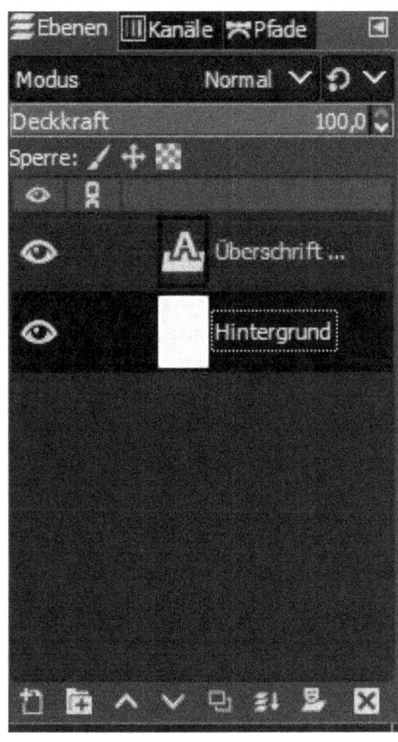

Überschrift

Kanäle
Kanäle geben die Stärke einer Mischfarbe an, die im gesamten Bild vorhanden ist. Standardmäßig sind Rot, Grün und Blau als Kanal einstellbar. (RGB)

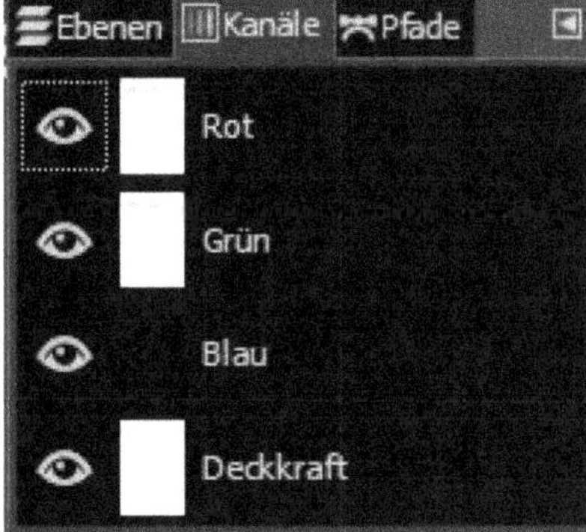

Erweiterungen & Skripte
Wer mehr haben will als die eingebauten GIMP-Funktionen, kann sich endlos viele Erweiterungen und Skripte aus dem Web herunterladen. Hier ein paar Möglichkeiten, die man nicht liegen lassen sollte:
https://www.heise.de/tipps-tricks/GIMP-Plugins-finden-und-installieren-4316241.html

Mögliche Aktionen mit Fotos

Drehen
Wähle das Bild mit dem Mauszeiger an und betätige die Tasten Umschalt + R.
Mit dem Gedrückthalten des Mauszeigers, lässt sich das Bild drehen.

Zuschneiden
Wählen aus dem Werkzeugkasten oben rechts das Symbol „Zuschneiden/Größe ändern" aus. Nun kann das Bild kleiner geschnitten werden.

Bilder optimieren

Über den Menüpunkt Farben können Helligkeit, Kontrast, Farbton und Sättigung geändert werden.

Aufgabe 6:
Auch hier lässt sich genau sagen, wann welches Werkzeug benutzt werden kann. Probiere es an deinem gewünschten Bild einfach vorsichtig aus und du wirst irgendwann zufrieden mit dem Bild sein.

Aufgabe 7:
Gehe im Menü auf Bearbeiten -> Einstellungen.

Nun hast du im Reiter „Werkzeugkasten" die Möglichkeit mehr Symbole im Werkzeugmenü rechtsoben anzeigen zu lassen.
Wir benötigen „Schwellwert" und „Farbwerte".
Nun ist es wieder an der Zeit: Probiere eine kreative Interpretation der Kurven, bis du einen grundlegenden Umgang findest.

Visuelle Filter für Bilder

Aufgabe 8:
Probiere mindestens 5 unterschiedliche GIMP-Filter für dein Bild aus, sowie stöbere auch nach so vielen ansprechenden Filtern, wie möglich unter folgendem Link:

https://alvinalexander.com/design/gimp-catalog-filters-effects-examples-cheat-sheet/#google_vignette

Grafikanimation mit Blender

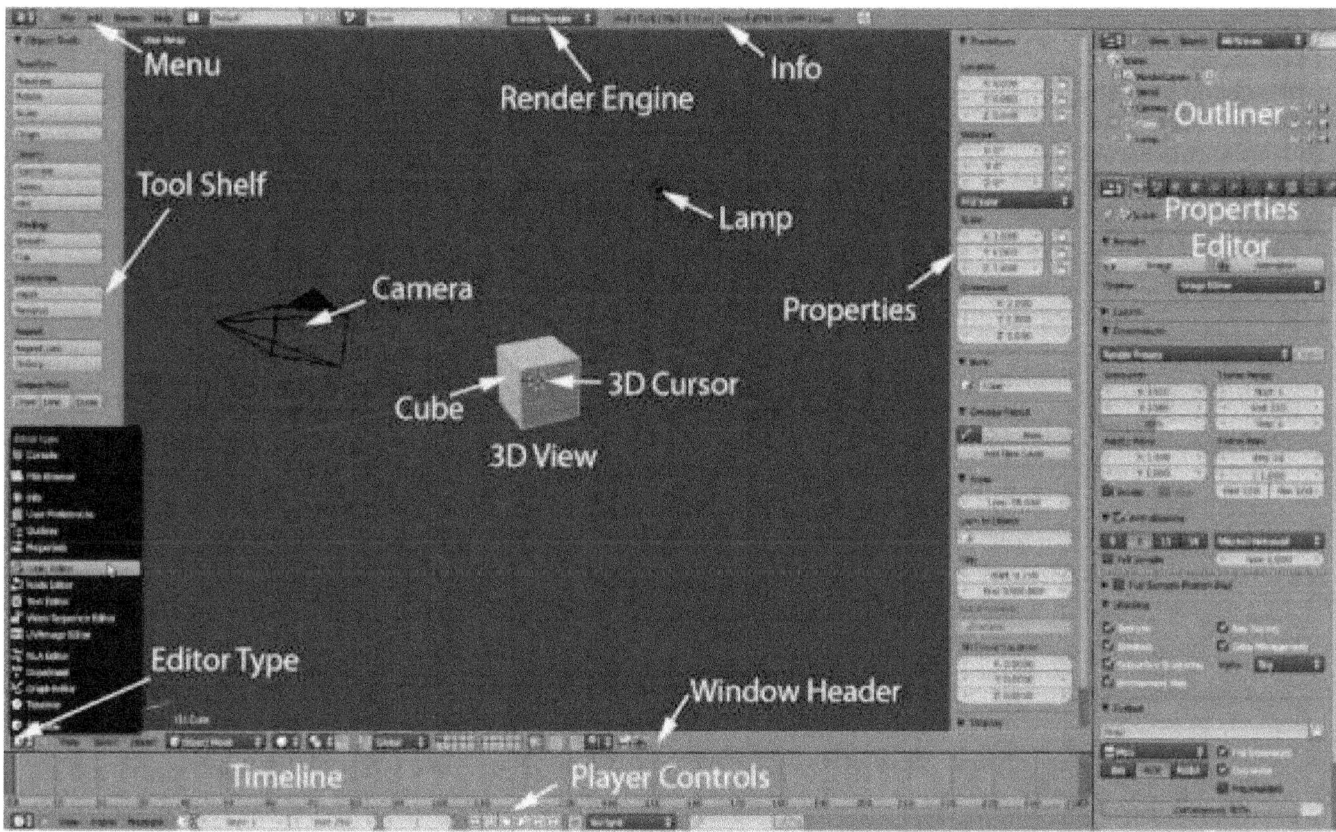

Aufgabe 1:
Wähle ein Objekt mit der rechten Maustaste aus und betätige dann die I-Taste.

Folgende Optionen stehen dir durch die I-Taste zur Verfügung:

(1) Position (Location) Speichert die X,Y und Z-Koordinaten des Objekts
(2) Rotation Speichert die rotierten X-Y-Z-Werte
(3) Skalieren (Scaling) Speichert die Skalierungswerte in X,Y,Z (4) PosRot (LocRot) Kombiniert 1 und 2
(5) Pos, Skalieren (LocScale) Kombiniert 1 und 3
(6) Pos, Rot, Skalieren (LocRotScale) Kombiniert 1,2 und 3
(7) Rot, Skal (RotScale) Kombiniert 2 und 3
(8) Visuelle Position (Visual Location) Die Objekt-Koordinten stehen an anderer Stelle, als das Objekt
(9) Visuelle Rotation (Visual Rotation) Wie 8, aber Rotation
(10) Visuelle Pos, Rot (Visual LocRot) Kombination 8 und 9
(11) Available Für die Eigenschaften, für die schon vorher ein Key eingefügt wurde, wird ein Key eingefügt. Intereressant für kombinierte Keys (5,6,7)
(12) Delta-Position (Delta Location) Inkrementeller Abstand
(13) Delta Rotation Inkrementelle Rotation
(14) Delta-Skalierung

Außerdem stehen folgende gedrücktgehaltene Tasten für folgende Funktion:

G-Taste = Verschieben
R-Taste = Rotieren

S-Taste = Skalieren

Aufgabe 2:
Versuche eine einfache und kreative Standszene mit diesem Wissen zu erstellen.

Mehrere Elemente animieren

Wie in jedem Bildbearbeitungsprogramm gibt es auch in Blender Ebenen, in denen Objekte platziert werden können. Dafür stehen 20 Stück zur Verfügung. Zwischen diesen Ebenen wird per Klick auf eines der kleinen Rechtecke in der mittleren Menüleiste umgeschaltet. Wenn eine neue Ebene aktiviert ist, dann kann ein neues Objekt auf die gleiche Weise platziert und mit Eigenschaften versehen werden, wie der Würfel. Nachdem nun alles fertiggestellt ist, wird durch Betätigen der SHIFT-Taste und Klick auf eine weiteren Ebenen-Button bewirkt, dass beide Ebenen gleichzeitig aktiv sind. Die Folge ist, dass beide Objekte sichtbar sind und per Play-Button gleichzeitig animiert werden können. Natürlich können alle Objekte auf diese Weise auf den Bildschirm gebracht werden, um sie gleichzeitig zu animieren.

Kameraperspektive

In Blender können mehrere Kameras eingesetzt werden. Diese werden über Add/Camera eingefügt. Es kann jedoch immer nur eine Kamera aktiv sein. Dies geschieht mittels aktivieren per rechter Maustaste mit nachfolgender Tastenkombination STRG+[0].

Mittels der Tastenkombination STRG+P wird ein Kontextmenü ausgewählt, aus dem „Follow Path" ausgewählt wird. Per ALT+[o] wird die Kamera auf den Startpunkt des Pfades gesetzt und kann fortan die Szene aufnehmen.

Im System-Panel werden Ihre Festplatten und Netzwerkfreigaben aufgelistet. Ein Einzelklick mit der linken Maustaste auf ein Laufwerk wechselt dorthin, genauso öffnen Sie einen Ordner. Einen Ordner höher geht es mit dem Parent-Icon oder durch Klicken auf die zwei Punkte oben in der Liste der Dateinamen. Sobald Sie sich im richtigen Ordner befinden, kann eine Datei durch einen Doppelklick mit der linken Maustaste geladen werden. Oder Sie wählen die Datei mit der linken Maus und drücken dann den Open Blender File-Knopf.

Um ein neues Standbild zur Animation hinzuzufügen, gibt es folgende Helfer:

X = Einrasten in die X-Achse
Neues Keyframe hinzufügen mit I-Taste
Editmode öffnen mit Tabulator-Taste
Meshes einfügen mit SHIFT + A

Animation in Skriptsprache (Python)

Python-Bibliothek für Blender herunterladen: https://builder.blender.org/download/bpy/

Code-Beispiel:
Bpy.data.objects["Beispielobjekt"].location = (x, y, z)

Blender Text Editor

Der Text Editor bietet grundlegende Funktionen zur Eingabe von Texten, z.B. einer Beschreibung der Änderungen an der Szene, aber vor allem für Python-Skripte. In der Fensterleiste des Text Editors befindet sich das übliche Editor Type Menu, mit dem der Typ des Fensters auf den Text Editor umgeschaltet wurde. Dann folgen die Menüs

1. View

Hier gibt es Menüpunkte, um schnell im Text zu navigieren und das
Fenster formatfüllend zu vergrößern oder abzutrennen. Der wichtigste
Punkt ist aber der Aufruf des Properties Shelf mit Strg + F.

2. Text

Hier finden sich Befehle zum Laden, Speichern und Ausführen des
Skripts. Interessant ist der Menüpunkt Script Templates, in dem es einfache Skriptvorlagen
gibt, aus denen heraus man seine eigenen Befehle für Blender entwickeln kann. Weiterhin
gibt es hier auch Skripte für die Game Engine in Blender.

3. Edit

Copy&Paste etc. Unter dem Markers-Menüpunkt kann man die durch
den Suche-Befehl markierten Fundstellen löschen oder anspringen. Text
To 3D Object schließlich wandelt den Text im Editor in ein 3D-Objekt
Um.

4. Format

Im Format-Menü finden sich Befehle, um die Whitespaces (Tabulator-Taste oder Leerzeichen) ineinander zu wandeln, Regionen zu kommentieren oder einzurücken.

Unity mit C#

Let's get started!

Als Erstes solltest du einen Blick auf die Referenz werfen, was es fehlt von einem C++ Entwickler zu einem C# Entwickler zu werden.

Dafür bietet die Firma Microsoft einen eigenen Learn-Artikel an. Da C# Microsoft's eigene Sprache ist, die wir unter Linux ausleihen, um damit eigene Spiele zu programmieren, ist dieser Link der qualitativste den du zu dem Thema bekommst:

Aufgabe 1:
Umlernen von C++ nach C#
https://learn.microsoft.com/de-de/previous-versions/visualstudio/visual-studio-2008/yyaad03b(v=vs.90)

Außerdem brauchen wir noch die Entwicklungsumgebung Unity. Herunterladbar unter:
https://unity.com/de/download

GameObjects, Components und Prefabs

Aufgabe 2:
Klicke auf GameObject -> Create Empty
Nun hast du ein leeres Spielobjekt erstellt. Du siehst am rechten Rand in der „Hierachy" einen Vermerk über das leere Spielobjekt. Am linken Rand siehst du die Components.

Klicke nun auf „Add Component" und lese dir durch, welche „Eigenschaften" diesem Objekt zugewiesen werden können. Nämlich eine ganze Menge. Darauf gehen wir später nochmal ein.

Wir können auch Dateien mit der Endung „.cs" (das steht für C#) in das Componentfenster einfügen. Nun hat das GameObject sein erstes Skript.

Aufgabe 3:
Klicke auf GameObject -> 3D Object -> Cube. Wähle anschließend den Skalierungsbutton rechts oben über der Hierachy an und ziehe den Cube an der farbigen Achse größer. Insgesamt brauchen wir 3 Würfel, die im Projekt zu sehen sind.

Ziehe in der Hierachy den zweiten Würfel über den dritten Würfel und sehe zu, wie die Spieleobjekte in der Befehlshierachie untergeordnet sind.

Wenn sich das übergeordnete Element bewegt, bewegt sich das Untergeordnete mit.

Diese Hierachieobjekte sind sogenannte „Prefabs".

Skript-Befehle in einer .cs Datei

Das C#-Gerüst sollte in etwa so aussehen:

```csharp
public class ErklärungsSkript : MonoBehavior {


  void Awake() {
        // Code vor dem Start
  }
  void Start () {
        // Code während dem Start
  }

void OnEnable () {
        // Code während das Skript eingeschaltet wird
  }

void Update () {
        // Code, der einmal pro Frame ausgeführt wird
  }

void FixedUpdate () {
        // Code für physikalische Berechnungen (mehr im späterer Abschnitt)
  }
```

In einem der Abschnitte können folgende beispielhafte Code Snippets ausgeführt werden:

```csharp
Void Update(input.GetMouseButtonDown(0))
{
// Code bei Drücken der Maustaste
}

Void Update(input.GetKeyDown(„x"))
{
// Code bei Drücken der x-Taste
}
```

Allgemeine Wiederholung

Auch in C# können wieder Variablen, Gleichungen und Verarbeitungsalghorithmen verwendet werden. Mehr dazu im Abschnitt „Let's get started!" dieses Teils des Buches.

Was Skripte noch leisten können erfahren wir hier bei der Referenz von GameObject-Funktionen.

Vertiefung von notwendigen Befehlen

GameObject
https://docs.unity3d.com/ScriptReference/GameObject.html
https://blog.nobreakpoints.com/unity-tutorial/unity-gamobjects-erstellen/

Transform
https://docs.unity3d.com/ScriptReference/Transform.html
https://learn2programe.github.io/learn2proGrAME-Tutorial/fundamentals/T07-transform/

Auch solltest du zum Schluss nochmal folgende Teile bearbeitet haben, damit du Unity mit C# richtig draufhast:

1. Mathematik Teil 2: Crashkurs Mathematik Abitur
2. C/C++
3. Grafikdesign + Grafikanimation

Schlussbemerkung

Dies war mein zweites umfassendes Lern-, Arbeits- und Freizeitbuch.

Wenn du noch mehr von mir lesen wollen, empfehle ich das Buch „Unschooling von Sven Bauder".

Wenn du dir Bücher im Sammelpaket leihweise zuschicken lassen willst, ohne zur Bücherei gehen zu müssen, schaue doch auf unsere Online-Bücherrei Kinesis Library(sven-bauder.de/kinesis) vorbei.

Wir haben momentan noch ein sehr begrenztes Sortiment. Allerdings haben wir auf jeden Fall sehr intensive Fachbücher, die Sie zum Genie machen.

Du kannst dort auch sowohl „Unschooling von Sven Bauder", als auch „Das große Programmierhandbuch" ausleihen.

Ich wünsche dir alles Gute für alles Weitere und hoffe du hast in diesem Buch alles mitnehmen können, was du gebraucht hast.

Sven Bauder
Life is at change.